ETEL ADNAN nació en Beirut, Líbano, en 1925. Estudió Filosofía en la Sorbona, U. C. Berkeley y Harvard, y la impartió en el Dominican College de San Rafael, California. Comenzó a pintar a principios de los años sesenta y desarrolló su trabajo entre la escritura, el pensamiento y el arte visual. Debido a su participación en el movimiento contra la Guerra de Vietnam, comenzó a escribir poesía y se convirtió, en sus palabras, en «una poeta estadounidense». Adnan es autora de poesía, ensayo y teatro. De entre su obra poética destacan *Journey to Mount Tamalpais*, *The Arab Apocalypse* o *Sea and Fog*. Su novela *Sitt Marie-Rose*, publicada en París en 1977, fue aclamada y ha sido traducida a más de diez idiomas. En 2014 recibió una de las mayores condecoraciones culturales de Francia, la Orden de las Artes y las Letras, y a lo largo de los años su obra pictórica se ha expuesto internacionalmente. Falleció en París el 14 de noviembre de 2021.

DESPLA ZAR EL SILEN CIO

© de esta edición, Editorial Tránsito, 2025
© de la traducción, Laura Salas Rodríguez, 2025

DISEÑO DE COLECCIÓN: © Donna Salama
DISEÑO DE CUBIERTA: © Donna Salama

IMPRESIÓN: Kadmos
Impreso en España – Printed in Spain

IBIC: DNF
ISBN: 978-84-129018-8-7
DEPÓSITO LEGAL: M-14680-2025

[instagram] www.instagram.com/transitoeditorial
[facebook] www.facebook.com/transitoeditorial
[twitter] @transito_libros

www.editorialtransito.es

Editorial Tránsito es respetuosa con el medio ambiente: este libro ha sido impreso en un papel ahuesado procedente de bosques gestionados de forma responsable.

DESPLAZAR EL SILENCIO

Etel Adnan

Traducción de Laura Salas Rodríguez

TRÁNSITO
MINIATURAS

Sí. El desplazamiento de la marea, a su regreso, y el mío propio. Una pregunta surge de la quietud, y luego va avanzando pulgada a pulgada: ¿ha existido este día ya antes, o se ha alzado desde la orilla, desde un verso, un sonido?

Cuando damos nombres simples a las cosas, y las palabras preceden a su significado, se produce una narración cósmica. ¿Acaso descubrir los orígenes quita el polvo? El fulgor del horizonte retrasa todas las demás percepciones. Me recuerda a una infancia vacía que parece haberme llevado cerca del principio del espacio y el tiempo.

Ahora, unos animales oscuros vagan por el bosque, casi puedes tocarlos. Una somnolencia particular te invade cuando las sombras empiezan a crecer. Entonces, el corazón crea diferentes compases. Quieres tocar las hojas, mirar intensamente todos los árboles. Cae la noche, ya cansada, ya desnuda.

El tamaño del futuro no es más largo que este callejón. Y las preguntas caen y decaen. Pero pasar junto a una cañada, ver que ha bajado la marea y observar cómo los patitos siguen a su madre en busca de la cena es un camino seguro hacia algún tipo de iluminación.

Voy vestida del color rosa de las montañas sirias y me pregunto por qué tal cosa me provoca inquietud. Mi cuerpo a menudo se siente cercano a las criaturas marinas: pegajosas, resbaladizas, impredecibles, más efímeras de lo necesario. Tengo que avanzar desde ahí, como una avalancha de nieve cuando cae. Eso es lo que acaba de decir la radio: que ahora hay pueblos enteros invisibles. Pero están lejos: las noticias nunca hablan de mi entorno inmediato.

Con más recuerdos que deseos, buscando en espacios innombrables, los prados de Sicilia o las aguas escasas del Líbano, alcanzo una tierra sin fronteras que nadie reclama y me planto allí, como si estuviese sola, pero falta ritmo.

Lo que no falta es miedo. Es una cuestión de arterias taponadas, de largas horas de insomnio, de la falta de resolución ante cualquier problema importante. Me resbalan los pies sobre el suelo mojado, pero tengo que darle las gracias a mi buena suerte: dejo que el horizonte se ocupe de mi terror.

Pero por qué, ¡por qué!

Echo de menos la energía cósmica de la Grecia antigua. Amaban a sus dioses, a quienes se les concedía todo menos el poder supremo. Ninguno de ellos era libre en el sentido absoluto, solo Zeus, a pesar de que su arbitrariedad a menudo suscitase miradas críticas. Prometeo fue encadenado por rebelarse, e Io fue condenada a sufrir un castigo contrario, aunque igual de radical: vagar y vagar sin descansar nunca. El suyo era un mundo cruel y descarnado, pero los echo de menos de todas formas.

Poner un pie en las rocas de Delfos merece la condena. Y aún están por llegar a Sición las ofrendas para el oráculo. Para mí, el dolor de morir será la imposibilidad de visitar una vez más ese lugar.

Cuando no tienes forma de ir a ninguna parte, ¿qué haces? Nada, por supuesto. Pero eso no es una respuesta. Dejamos gran número de respuestas sin formular, como una especie de liberación, cantidad de mareas avanzan en vano, y muchos deseos quedan enterrados (la mente también se cansa). En mitad de la noche mido el frío de fuera, el silencio.

Hablar griego es usar la mayoría de las palabras de Aristóteles. Pero yo confío en Esquilo. Me recuerda a los místicos de Bujará. Colocó a Prometeo en el monte Etna, vinculándolo de ese modo a Empédocles. ¿Cómo puede vivir uno lejos de su círculo?

Pero, volviendo a mi estado, si tuviese que elegir un lugar para pasar la noche, ¿cuál sería? En este momento, me daré media vuelta y me iré a mi cuarto. Ignoraré la mayor parte de la belleza del mundo, si no toda.

Soñaba con visitar tantas islas, ¿qué ha sido de ellas? Lo más probable es que yazcan donde siempre han estado. ¿Poseen conciencia propia? Yo diría que sí. Lo más seguro es que sean como el pavo real que me reconoció tras tantos años de ausencia; emitió un fuerte ruido como no había oído otro igual, y me llenó de alegría. Despertó un parentesco entre nosotros.

Fue al final de un partido del campeonato del mundo, un partido de fútbol. Inglaterra contra Colombia; el equipo británico en plena guerra y los sudamericanos jugando por placer;

siempre la misma historia. El pavo real siguió la agitación, era tarde y no podía dormir.

Mis pensamientos gotean, un poco como un grifo. No me dejan saber de qué tratan. Les suceden otros, igualmente desconocidos.

La luz del día se hace más tenue. No estamos en invierno, no, estamos a principios de julio. El crepúsculo llegará pronto. Luego también él desaparecerá.

Los sueños no tienen poder de decisión, pero aparecen a puñados, inundan el espíritu, sacuden los huesos. Tienden al amor físico, mientras que nosotros negamos nuestros deseos. Contemplar el crepúsculo tras el crepúsculo no calienta la casa.

Ver cómo pasan las horas tampoco ayuda. Por tanto, estamos arrinconados. Dejo la puerta abierta, con el pretexto de que es porque me cuesta respirar, pero es todo mentira. Mejor admitir que con el transcurso de los días sabemos menos de todo. Que las cosas sigan su curso, cuando lo tengan.

No acostumbro a pedir ayuda, pero ¿en qué terreno me hallo? A una hora intempestiva, un sortilegio me induce, por fin, al descanso. Con los ojos hinchados intentamos ver el aquí y el allá, nunca seguros, siempre insatisfechos. Esperemos, aun cuando no sepamos qué; siempre recibimos mejor una línea en el horizonte, por leve que sea, que este vacío.

Hemos perdido las liturgias bajo las guerras, los bombardeos, los fuegos que atravesamos. Algunos de nosotros no sobrevivieron, y fueron muchos. Los griegos tenían sus dioses exuberantes, el amanecer sobre el monte Olimpo. Los cananeos tenían el monte Sanin. Nosotros tenemos nuestras propias montañas, pero quizá se hayan cansado ya de esperarnos. No tengo ni carreteras que me lleven a ella ni cables. Dejémoslas en su esplendor.

Hay una danza de libélulas, lucecitas que dan vueltas alrededor de los barcos de la bahía, criaturas diminutas que cantan, peces que saltan... ¡el festín del primer verano expirando al calor, y limonadas!

Intentamos derrocar a los dioses, comprar sus poderes, corromper sus almas: nosotros, raza de mercenarios. Una marea de lodo se acerca a la orilla, ensuciando la costa. Llueven sonidos. ¿De cuántos mañanas tengo que preocuparme? Una taza de té no sabe a helado, pero servirá. El té al anochecer, no como los británicos.

Había veces en que la posibilidad de que la muerte nos pasase por alto provocaba un terror sagrado, y esa época ha vuelto. Los ríos seguían corriendo. Seguí algunos, otros los drené. Con frecuencia aparecían en forma de sueños; algunos eran de una magnitud asombrosa, otros mezclaban sus aguas en cataratas colosales. Me encantaban, siempre. Pero la muerte no.

La muerte nos abandonó, no vino cuando debía, no respondió. Sus enemigos, una forma de vida imparable —me refiero a los océanos—, solían aparecer en escena para acontecimientos de dimensiones gigantescas. Hablaban lenguajes humanos, además del propio. Los hicimos retroceder de forma progresiva, los contaminamos por completo. Pero no oímos ni un solo grito.

Io no puede morir. Prometeo no puede descansar. Los océanos están indefensos. En cuanto a nosotros, no podemos ni vivir ni desaparecer. Por la noche, las estrellas emiten destellos del color de nuestro aliento. Mi ventana es una bendición. A la luz del día da a los campos de Grecia, es lo que intento creer.

Me han abandonado casi todas mis creencias. Lo tomo como una especie de liberación; de todas formas, tampoco eran tantas. Nuestras casas están arracimadas y nuestras mentes también, de forma que un gran fuego devastador puede purificar el aire, ampliar el espacio, dejar sitio para algo de silencio. Año tras año, lo único que hacemos es coger polvo.

Prometeo se rebeló, y Zeus murió muchos siglos más tarde. Grandes zonas de nieve sustituyen los banquetes que los dioses celebraban en el monte Olimpo. Los esquiadores prefieren las cosas tal como están. No sé lo que haría si pudiese moverme con más facilidad. Empezaría con Delfos, eso seguro. A lo mejor desearía morir allí. Las piedras de Delfos, a mediados de verano, están al rojo vivo. Le queman a uno la piel y el corazón. Allí siempre abundan las revelaciones.

Necesito simplificar mi pensamiento: llegar a las raíces de los olivos que he plantado en mi isla, sentarme junto a ellos, mirar cada una de las hojas. Empezar por la mañana temprano. Después cerrar los ojos y dejar que el sol de la mañana me roce la cara. Ir al Mediterráneo, a la vuelta de la esquina, entrar en sus aguas, su sal, sus colores ácidos, su calor. Ay, Dios, dejar de pensar. Solo ser, durante muchas horas seguidas, mezclarme con esta especie de conciencia vegetal y metálica que resulta tan abrumadora.

Y acaban de contarme las aventuras de un joven de Salónica, guapísimo, según decían, a quien su compañero de cacería hirió de bala; un accidente, según dijeron. A sabiendas de que estaba condenado a morir, contrató a cuatro tipos con una camilla y les pagó para que lo llevasen a Delfos.

Llegaron. El oráculo había desaparecido desde hacía tiempo. Él lo sabía. Pensaba que el lugar en sí lo salvaría. Y así fue, pero no de la forma que esperaba. Lo hizo experimentar una geometría sagrada, normalmente reservada a los iniciados. Pero estar allí era en sí mismo una iniciación: lo entendió. Contempló el sol por última vez.

Tenemos que volver a conectar lo que las palabras separaban. ¡Al diablo con Aristóteles, aunque fuese el más incomprendido de los filósofos! Preferiría devolver las hojas al árbol, las olas al mar.

Las lenguas del mundo son una trampa, ¿no? Crearon el caos y nos sumieron en la incoherencia. Cuando alguien te dice «te quiero», lo único que quiere decir es que su sed pide zumo de naranja. Eso explica por qué tantos de nosotros nos hemos pasado la vida leyendo mala literatura (y de vez en cuando una obra de arte como *Guerra y paz*).

Nuestras palabras ya no sirven para profecías. Ese poder queda para otras especies: para los robles, por ejemplo, o para las mareas, que a través de su agitación acarrean una fosforescencia que no estamos preparados para oír.

Sentarse en una playa a descansar los huesos añosos ya es un privilegio. Detener el coche junto a una curva para echarle un vistazo al horizonte en llamas es una victoria, pero ¿qué significa no dormir de noche por el peso de algunos recuerdos?

Aún hay, dispersas por el mundo, catedrales con rincones silenciosos en ellas. Tenemos que recorrer kilómetros. También hay un silencio particular en algunas montañas, vastas extensiones que se despliegan inmóviles, junto al sonido de sus aguas, en zonas definidas, con cuevas bajo los acantilados. Y, cuando los ciervos duermen, sabes que te están pidiendo que veles por su seguridad, y la mayoría de las veces dices que sí, que lo harás.

Te lo digo: nos arrastran tornados que apenas percibimos, remolinos que apenas notamos, agresiones que apenas reconocemos, porque estamos medio dormidos. Las cosas se traducen en algo ajeno.

De modo que buscamos mucho, de forma errática, pero no encontramos demasiado. Incluso regresamos con las manos vacías. El tiempo es escurridizo. Teníamos las manos hechas de ruedas, como decíamos hace mucho, la suerte no estaba de nuestro lado, y no formulamos muchas preguntas. Entonces, ¿qué hicimos?

Cuando un montón de pesadillas llamó a mi puerta, fingí estar buscando casas con un enorme jardín alrededor, pero no era más que un juego, un juego lastimoso. Intentaba con mucha frecuencia convencerme de que estaba viva, otro juego más, y el mundo se hizo pedazos. Tenía una cita con algo parecido al destino y llegué tarde, muy tarde. El sol ya se había puesto. En el cielo solo flotaban unas cuantas líneas mal iluminadas. Lloré; bueno, no demasiado, pero me senté y lloré.

A continuación, ¿qué hice? Me falla la memoria, por falta de uso, seguramente, dado que tiendo a «poner orden» en mi pasado como hago en mis cajones. Sí, en la casa reina el caos y en mi cabeza también. Somos de acumular y, por tanto, irónicamente, de tirar. Sueño con una habitación sin muebles, con un pasado con muy pocos amigos, con un país sin armas. Estamos agotados, sin capacidad de renovación. ¡Ah, qué queda!

Los animales oscuros regresan al bosque solo para ser tragados por olas enormes que dejan enormes masas de zonas color vino en la superficie oscura del océano, y pido ayuda, mezclo mi voz con la de los vientos.

Hoy es el mañana del ayer. Así va la cosa. Una avalancha de ideas negativas está intentando depurarse, en vano: se ha roto la vieja alianza de Grecia y Arabia porque no miramos el mundo como debemos, no creamos las cadenas de palabras que corresponden a lo que vemos. Hemos perdido el todo por la parte;

Prometeo nos dio el fuego, no para quemar todo lo que estuviese vivo, sino para iluminar el cielo, y, ahora, hasta nuestro fuego interior se ha consumido. ¿Estamos cuerdos? Supongo que sí, y ese es el peligro, porque la cordura quiere alimentar los fuegos.

La verdad es que los fuegos están proliferando. Se puede decir que Hiroshima fue una megahoguera, algo decisivo. Pero el resto del mundo durmió muy bien esa noche. Nosotros también dormíamos anoche, mientras Rafina, el puerto más inmaculado de Atenas, ardía. Entre los muertos debió de haber algunos de los descendientes de Zeus. La cuestión no es que muriesen, sino que no lloramos.

Eso me lleva de nuevo al amor que sentía por los funerales cuando era demasiado pequeña para ir a preescolar. Los funerales eran cosa del barrio. Salía corriendo hacia la ventana y veía a ancianos y ciegos al frente de una comitiva, entonando oraciones, seguidos por hombres que lloraban en silencio, algunos de los cuales llevaban el ataúd, y unos cuantos más que los acompañaban, mientras los tenderos se quedaban de pie en la puerta. Me maravillaba.

También seguía los funerales cristianos, que eran más animados porque participaban mujeres. Los de la gente importante los encabezaban pancartas y músicos. Aún me parece oír la música, una música estruendosa y particular que oscilaba entre canto fúnebre y música de orquesta. En aquellos días ocurrían pocas cosas, pero era como si contemplásemos cada una de ellas a través de una lupa de aumento. De hecho, todo acontecimiento público parecía adoptar una dimensión épica.

¿Podemos mantener esa extraña sensación de sagrado que parecíamos heredar en épocas pasadas? Creo que a veces sí la mantenemos, como esta misma noche, cuando, en un rincón perdido de Bretaña, a nosotros, los extranjeros, no nos une el azar sino la afinidad, aunque sea leve como el aire, como unas nubes que pasan sobre nuestras cabezas. Pero ¿acaso no es el aire el primer elemento que usa la vida? El viaje de Barrett y Carla a este lugar es un acontecimiento central; pasará a formar parte de las experiencias y de todo ese rollo que sin cesar crea lo que llamamos eternidad... No hizo falta más que una mesa y unos cuantos sorbos de vino para descubrir la claridad de su profunda sencillez.

Las puestas de sol tienen una belleza violenta, diría que por naturaleza, pero hay luces, ni siquiera coloridas en el sentido habitual, luces elementales, mercúricas, plateadas, sulfurosas, de cobre, que nos hacen detenernos y perder el equilibrio, nos mueven a abrir los brazos porque no sabemos qué otra cosa hacer, nos inmovilizan como si nos hubiese tocado un rayo, un rayo suave, bienvenido. Espero esas luces y sé que algunos de vosotros también, estéis donde estéis, quiero decir, cuando estáis de pie junto al océano, solos, con la calma de vuestro espíritu. Sed planetarios.

Quiero ir a esos lugares que mis sueños revelan o que descubres en postales o anuncios. Puede resultar patético, pero no lo es, porque su intensidad lo redime. Esta noche he mirado por internet las montañas rojas del sur de Francia. Están hechas de pórfido. Son tan rojas como algunas montañas de Omán, como otras de Arizona. Estamos en un planeta sujeto por nada, y al que una estrella obstinada hecha de fuego en constante ebullición arrastra a través del espacio puro. Somos viajeros que recorren grandes distancias. Adelante, siempre adelante.

Arrojé mi brújula a las olas. La usaron los árabes en su viaje a China y, por desgracia, también los colonizadores que los siguieron. La tiré. No sé ni quiero saber qué pasó a continuación, porque al deshacerme de ella lo hice también de mi curiosidad.

¿Qué queda? La estación de calor y viento, esta cena, las largas bandas de olas temblorosas en varios tonos de verde que me parten el corazón con su increíble belleza.

Estamos presenciando los últimos días de esta civilización tal y como la conocemos. Observo el océano a través de las cristaleras del apartamento. Entonces algo se mueve. Decimos que las cosas aparecen, trascendiéndose a sí mismas. Lo llamas Ser, lo llamas ola. También podría ser gente.

Anoche no dormí. En este momento el océano es una sábana lisa y metálica que va de oriente a occidente. La reverberación me hace daño en los ojos, pero estoy contenta.

Los días transcurren, pero traen sorpresas. Vienen amigos. Son emisarios, pájaros de buen agüero. Levantan el cielo, y lo necesitamos. Hago lo que puedo por caminar por el borde de la ciudad, junto a la marea. Paso a paso. Trascurren las horas, una tras otra. Después el sol lanza nuevos rayos.

La radio dice que París está sufriendo una ola de calor. Que las temperaturas llegarán a los 40º. Es un tiempo tropical, y nada nos asegura que no vaya a subir más. En Bretaña hace aún más calor. Los peces piden ayuda. Igual que yo últimamente.

Hemos perdido a otro amigo de la comunidad de poetas. Kevin Killian se ha marchado de este mundo. Echaremos de menos su capacidad de afecto. Adiós, querido amigo. Querido San Francisco, llora por él.

Esta tarde, Barrett Watten ha desvelado su plan B. No pierde el pulso del mundo en su curso alocado. Mencionó la «turbulencia del destino». Fue repentino, y funcionó. El destino se había convertido en una idea lejana, en un concepto, y por tanto había perdido su gancho. Y de repente Barrett lo devuelve a la vida, y, de todos los lugares posibles, eso ocurre en mi habitación. Me pregunto: a estas alturas, Zeus debe de haber muerto, posibilidad que ya apuntó Esquilo cuando se ocupaba de Prometeo. Así que ¿quién queda? Los dioses nos han abandonado, hemos aceptado el vacío que dejan tras ellos. (Por supuesto, hay Uno en el que muchos creen, y está en algún sitio —a pesar de no estar en ninguno—, pero no lo contamos entre los griegos).

Barrett sugiere que el destino sigue siendo evidente, y que es turbulento, y joven, está claro, y se encuentra entre nosotros; no es una abstracción, sino un elemento activo: el destino es su propio dios. El dios de los dioses, siempre renovado, ha puesto en marcha el Plan. Al demostrar el estrepitoso fracaso de nuestro mundo, provocado por el fracaso del Significado en sí, Barrett intenta definir qué nos espera más allá de los límites, una explosión urgente (¿?) prevé la llegada, o la necesidad de un desplazamiento urgente del destino, lejos del ciclo del eterno retorno de lo mismo, más allá de todo lo que ya está.

Así que qué hacemos, mientras tanto, además de comer ostras para cenar, pasear y coger trenes o vuelos... y de dejarnos las pestañas en el siguiente horizonte. Es una forma de no rendirse.

Pero el ruido que se alza de las plantas bajas del edificio no es el rugido del océano, y me cansa el alma. Almorcé en el jardín, bajo un árbol, no un roble, un árbol cuyo nombre he olvidado. Pero no he olvidado la frescura del aire en medio de este calor. ¡Un jardín! De vez en cuando, su magia funciona, como hoy, cuando una brisa circulaba entre sus ramas. Uno de esos árboles es una magnolia que florece en este país no tropical. Ahí abajo también hay malas hierbas, césped, y algunas flores tímidas.

La propietaria de la crepería se sentó junto a mí. Me habló de su compañero en tono dulce, y me dijo que él había dado la vuelta al mundo al menos tres veces en su vida. Ahora se está construyendo un barco, dijo, un bote muy pequeño, recalcó, solo para navegar con ella por la bahía. Nuestros chicos son grandes marineros, dijo, y añadió: ¡grandes constructores! Es cierto que hacía poco le había construido una cabaña, una estructura oculta por un montón de vegetación circundante. Pensé: esos placeres están empezando a escasear.

Vuelvo a Barrett, al Plan B, al Destino. Se me ocurre que el destino del océano es parecido al de Sísifo: este último empujaba la piedra hacia arriba y la dejaba caer, y la volvía a empujar, una y otra vez... y el océano avanza y retrocede, y vuelve a avanzar, y nadie, ni dios ni ángel ni humano ni animal, puede hacer algo para cambiar esa circunstancia. El océano, a pesar de su turbulencia, no deja de estar ligado, como Prometeo, no a una montaña, sino a un inclemente movimiento pendular.

Y, por extraño que parezca, estoy pensando en los últimos dibujos y grabados de Picasso, en sus cuadros eróticos en los que sus mujeres siempre aparecen representadas con el sexo visiblemente abierto, y los hombres, de menor tamaño, están a menudo bien cubiertos, sentados a su lado. Como en un relámpago, vi su flagrante parentesco con Goya: Goya pintó los horrores de la guerra; Picasso pinta el terror de otra guerra, la de los hombres y las mujeres, como él la vivió, inevitable, nunca ganada, nunca totalmente perdida, recurrente.

La mayoría de la gente se toma la guerra con calma. Probablemente sea lo más sensato. Algunas personas recogen metales u otros residuos de bombas, y hacen dagas con esos restos. A partir de armas destinadas a megamatanzas se fabrican otras armas, más artísticas, y letales a escala privada. Pero la muerte es singular, es igual de inaceptable matar a uno o a muchos, y en esas cuestiones no hay consuelo.

La matanza sigue; ha llegado el momento en que es una cuestión de supervivencia personal aceptarlo, y acabamos considerando la moralidad como un lujo prescindible. El festín sangriento continúa, y lo contemplamos con total indefensión.

Lo único que queda es estar dispuesto a llegar al final de cualquier cosa, como quemarte los ojos, metafórica y físicamente, por mirar largo rato al sol, como cuando eras niña (en Beirut) y te corrían las lágrimas. Esos eran momentos trascendentes.

La línea conductora en la capa más interna de mi alma es la rendición, no en el sentido de la entrega de un general vencido, sino como en la narración homérica de la guerra de Troya. Significa que he seguido líneas que no había visto nunca, que he seguido caminos no cartografiados, que no salí de ninguna confusión. Siempre soplaba el presente.

La guerra de Troya acabó en los Dardanelos. Debería haberme pasado la vida explicando cómo llegué a esa conclusión, pero no lo he hecho, y no me arrepiento. Lo que acabo de decir resulta más comprensible sin explicaciones. Explicar es atestar el pensamiento de la gente.

Estoy frente a los elementos (los elementos de Kevin Killian) y me doy cuenta de que aclaran la mente. Deseo recordar eso el mayor tiempo posible. Estoy nadando en una zona donde el agua fría podría encontrarse con una corriente cálida sin mezclarse. Habría preferido arder por completo en lugar de...

Hoy es otro día. La velocidad a la que se mueve el universo es ilimitada, así que no necesitamos molestarnos, la batalla absoluta es imposible desde el principio. Estamos en el universo, pero no sabemos realmente dónde. Todo lo que es es en una escala propia.

La vida es cotidiana, la muerte es eterna; eso quiere decir que la eternidad es inútil. Vivimos como si lo supiésemos: nos aferramos a los detalles, no dejamos de buscar, de mantener viva la ilusión, la ilusión de que las cosas importan. Pero ¿es una mera ilusión? Yo no lo veo siempre así.

Hablo contigo porque te necesito, y necesitar implica amar. Veamos. ¿Me limito a hacer inventarios? ¿Dónde estoy? Esa es, ya de por sí, una pregunta enorme. Estoy en mitad de lo que sea que esté pensando. Hay fuegos en California, han vuelto. Me quemo. Soy uno de los árboles que desaparecen en los incendios. Mi cuerpo, negro y gris, convirtiéndose en ceniza.

Y ¿qué queda? Las cosas entran en la existencia, después no duran. ¿Cómo es que estoy todavía por aquí, cómo es que están mis huesos aún vinculados a mi mente? En este misterio, ¿hay alguna ventana?

La ventana es, de hecho, una puerta corredera que da al Atlántico. Sus mareas, sus olas, sus caprichos. Y mis propias expectativas, premoniciones, miedos y espejismos. Las mareas retroceden, lejos, en dirección a Inglaterra, donde están ocurriendo algunas cosas cruciales. Más al norte. Ese capítulo está cerrado. Tantas cosas fuera de nuestro alcance.

Mi preocupación, ahora, es un réquiem que tengo que escribir; no puede ser por el planeta, ya que está muriendo lentamente, pero no está muerto. Lo que ha desaparecido es el paraíso en la tierra que una vez fue.

Los sentidos se expanden bajo el calor. El viento surfea en la orilla. El verano va a la deriva, se convierte en una nube, el verano está lloviendo.

Hay relación entre una luz interna que es mía y la exuberancia del mundo; por ejemplo, mi necesidad de volver a Heráclito de vez en cuando. Hay un equilibro que todos poseemos, a pesar de que se nos escapa, y existe la posibilidad, pese a todo, de bañarse dos veces en el mismo río... pero cuándo, y dónde...

En este día en particular, la energía del mundo se hace patente en las mareas: la marea más larga desde hace años, dijeron, y yo la contemplé antes de que desapareciese. Sentada al borde de la única calle larga de Dahouët, la más cercana al océano, miré y miré el angosto estrecho donde las aguas, en su ascenso, formaban un río que tenía el color verde profundo y brillante del pino y que subía a toda prisa corriente arriba, llevándose con él mis sentidos. Merece la pena dar la vida por un momento como ese.

Este es un país planetario. Nos hallamos en una geografía que plantea una pregunta: ¿por qué es tu vida tan monótona? La pregunta hace soportable esa vida.

Necesito el mundo físico, esa es mi cordura. Y es más que eso: las cosas no vinculadas al mundo físico suenan sospechosas, por eso prefiero dar patadas a las piedras que rumiar los asuntos de este mundo: si ninguno tiene solución, ¿para qué molestarse? Para un prisionero, lo más importante es ver la luz de fuera. En cuanto al resto, puede esperar. En estos momentos me hallo en una situación parecida; anhelo largas sombras y sus juegos en una pared, un breve camino, una playa vacía... anhelo las tonterías de un niño caprichoso.

Ha llegado el momento de abrir la ventana de la cueva y dejarla abierta. De dejar que la realidad llene el espacio. ¿A qué velocidad? ¿A quién le importa? ¿El matrimonio del cielo y del infierno es un libro o un hecho? Una buena tormenta borrará todo esto, y borrará el arcoíris. Al menos, respiraremos con inocencia.

No soñé anoche, ni la noche anterior, ni siquiera dormí. Contemplé las diferentes tonalidades de la oscuridad, su infinita riqueza. De vez en cuando había sonidos, la música propia de la noche, dispersa. Había algo de visibilidad, pero ningún objeto en particular llamaba la atención. Sentía olas, podía ver el brillo propio de la oscuridad. También el aire era espeso. Suaves corrientes atravesaban el aire, que apenas fluía en mis manos. Además, sentía que mi propio cuerpo parecía flotar más que el resto. Por mi mente empezaron a cruzar, más que ideas, comienzos de visiones. Todos los tonos de negrura, más que el color negro, se ocuparon del espacio. La noche siguió adelante, repitiéndose.

Acontecimientos. Más acontecimientos. Inesperados. El declive de un amigo. Presenciar cómo una mente se descontrola, al igual que los incendios de California ahora mismo, es lo más duro que se puede vivir. Y, aun así, lo hacemos. La mente se vuelve tan fluida que tu voluntad no puede detenerla, observas la aniquilación de la voluntad. Surge la pregunta: ¿somos solo una serie de reacciones químicas? Si fuésemos lo bastante valientes diríamos que sí, que eso somos. Pero hay algo en esas reacciones químicas que nos hace rechazar el conocimiento de su propia naturaleza. Somos cuerpo y alma, decimos, aceptemos este mito. Lo creó Platón.

¿Dónde está el amigo? Al final, en una clínica. Pero eso no alivia el estómago revuelto, la sensación de inseguridad que permea hasta el aire que respiramos, y no es momento de leer los periódicos: parecen regodearse con las noticias de accidentes, asesinatos, desastres. Tengo que recordarme que aún hay gente que lleva una vida decente, pero resulta imposible consolarse porque tengo el corazón aprisionado por un círculo de metal.

De niña me daba miedo el intervalo entre las cuatro y las seis de la tarde. Nada cambiaba. Las cuatro sigue siendo una hora fatídica, las cuatro de la tarde, las cuatro de la madrugada, los polos de mi tiempo particular.

Fuera está gris, hace un tiempo tormentoso. Miro el océano, a unos nueve metros; me pregunto por qué la marea se detiene en cierto momento, por qué no entra en mi casa, pero tengo que vivir mis limitaciones, así que supongo que también el océano tiene su propio destino.

En el horizonte hay una banda amarillenta y pálida. ¿Por qué existe un horizonte? ¿Para animarme? ¿Por qué brota en mi recuerdo un volcán, un viejo volcán de laderas invadidas por plantaciones de bananos? Me conecta con un pequeño jardín de Beirut donde había dos o tres árboles bajos, cargados de plátanos. En este momento es un recuerdo doloroso: mi brazo deseaba en vano alcanzar los plátanos, que atraviesan los años. Si esperas lo bastante, a lo mejor vuelves a ese jardín en una de tus vidas.

Montañas y ríos tormentosos pertenecen a unas cuantas células de mi cerebro, o a algún rincón del paraíso. Esta noche, por primera vez desde que estoy en esta ciudad portuaria de Bretaña, una gran franja de niebla acentúa el horizonte en dirección al este... ¡Debo de haber sentido nostalgia de la niebla, y ha llegado!

Últimamente he aprendido mucho sobre las mareas. El océano no solo avanza y retrocede; responde a ritmos dentro de sus ritmos, frecuencias, simetrías, aceleraciones... es un organismo con un sistema de respiración complejo y regulado, con formas de vida que dejan a la altura del betún a aquellas que nos gobiernan. El océano se usa y del océano se abusa, pero a pesar de todo es un gran desconocido.

Pensando en todo eso, di con un programa relacionado con el planeta Marte y los proyectos que una agencia espacial europea tenía para él. Las fotos de la superficie de Marte me llevaron de nuevo a nuestros océanos, pero el vídeo se había grabado en un color marrón que despertaba la sensación de hallarnos ante desiertos. Ese planeta desprende una extrañeza especial. Hace unos veinte años vi por un microscopio un trocito de suelo traído de Marte, en Bloomington, Indiana, y tenía irisaciones distintas a todo lo que había visto en la tierra.

Y lo mismo pasa con las formaciones rocosas y la composición del suelo que cubre ese planeta. Cuando aterricemos allí, nos quedaremos completamente desorientados, algo de lo que tenemos gran necesidad.

Aquí está oscuro. Hay unas cuantas luces lejanas que nos hacen darnos cuenta de que vivimos de noche. En silencio.

En silencio, en la oscuridad, brillan las mareas, resbalan, su fluidez las convierte en espejismo. El océano emite un zumbido persistente que se traduce en un balanceo de nuestro cuerpo, adelante y atrás. Las paredes desaparecen y nuevas formaciones visuales invaden nuestra imaginación. Una no se halla en las dimensiones normales. El sueño pertenece al pasado, y las horas también. La luminosidad entremezclada con la penumbra nos lleva a cruzar nuevos territorios. Te mudas a una galaxia en unos cuantos segundos, el espacio y el tiempo se convierten en un juego.

El pensamiento se fragmenta cuando desaparecen las formas conocidas de realidad. No es una pérdida. Los largos periodos de silencio interior favorecen los claros, dejan entrar la luz, la inundación, el deslumbramiento, el brillo cegador. Necesitamos espacios para redistribuir las cartas, necesitamos no estar en ningún lugar. El pensamiento no siempre viene de reflexiones precedentes: sospecho que siempre está naciendo, aun cuando da la impresión de estar relacionado con el pasado.

Mañana me mudaré de aquí, lo cual quiere decir que viviré sin horizonte a la vista, que no organizaré mis días de acuerdo con las mareas, que el cielo no penetrará en mi cuarto y que volverán mis jaquecas. Entonces, ¿por qué me marcho?

¿Hemos perdido nuestra autonomía, de condicionamiento en condicionamiento? ¿Nos hemos convertido en prisioneros de nuestras redes, de nuestras telas de araña, de esos círculos constringentes que nos hacen responder de forma previsible a las situaciones a las que nos enfrentamos? ¿Es nuestro porvenir convertirnos en robots?

Cogí un tren y atravesé inmensas llanuras de un tono dorado. La tierra parecía blanda, y de vez en cuando la jalonaban filas de árboles. El TGV rugía. Llegué a regañadientes a una ciudad que no me importaba. Que no estaba en mi corazón. Pero ¿dónde está mi lugar? Al parecer, aún sigo buscándolo. ¡Pero he amado tantos, con tanta fuerza! Me viene a la mente Delfos, y el monte Tamalpais, seguro. Y ¿qué pasa con Beirut y Damasco? Debería volver a mi afirmación; no estoy buscando casi nada. Demasiado pasado, demasiado poco de aquí en adelante; aunque, un momento, siempre hemos vivido al día, así que ¿qué más da?

En todos los finales hay soledad, pero otras veces la hemos sentido con más fuerza. Hemos escalado picos para alejarnos de extraños dolores de estómago, pero nos topamos con otros dolores. La luz se desvanece como pasaba cuando teníamos que volver del colegio, ¡ay, qué desesperación conocen y esconden los niños! Me daba miedo el final del día, ahora me da miedo el día en sí. Ha habido años en medio, pero desde entonces ha desaparecido la persona que yo era.

Nos dejan en la carretera, por así decir. Está oscuro como el café que tomé a mediodía y que me quita el sueño, incluso después de tantas horas. Me encanta la noche, lo he dicho tantas veces que considero un fracaso dicha repetición, pero amar algo nos mantiene en funcionamiento. Mañana no hay periódicos, así que la historia tendrá que esperar. De todas formas, desde Heródoto no ha habido historiadores de fiar, a no ser que consideremos que algunos escritores, como Tolstói, también lo han sido. Yo estoy de acuerdo. Pero Tolstói ya no escribe en el *New York Times*.

Entonces, ¿por qué estoy escribiendo estas líneas que no aportan nada importante al mundo? Es de esas cosas que hace la gente, eso es todo. Cada uno de nosotros alberga el convencimiento interno de que de alguna forma importamos, de la forma en que decimos que las vidas negras importan: Black Lives Matter. Es cierto.

Cogí una cinta que se había caído de un paquete y algo me dijo que tenía el hilo de Ariadna en mis manos... y me hallo camino del Minotauro, muerta de miedo, pero atraída como por un imán. El miedo en sí tiene un poder hipnótico. El laberinto está en Creta, donde estaba. Ha habido desprendimientos alrededor, pero la estructura sagrada se ha mantenido.

Habría sido arqueóloga, habría encontrado un collar de oro puro y me preguntaría a quién perteneció. No necesariamente a una mujer. Soy pasajera del planeta Tierra, que es en sí mismo un transeúnte. El imperio se derrumbó, como si estuviese hecho de cartón, y recuperamos algunos recuerdos que morirán con nosotros, o sobrevivirán, durante un tiempo... Pero todo dura solo un momento, probablemente la misma eternidad.

¿Qué se puede hacer con los estados melancólicos?, me pregunto. No lo sé. Me han acompañado durante tanto tiempo que incluso han envejecido conmigo. Me han llevado a aeropuertos y a estaciones de ferrocarril. Los habría echado de menos si hubiesen desaparecido, sí, así habría sido; nuestros amigos no son necesariamente humanos. (¿Demasiado humanos?).

Las primeras horas del día son más misteriosas que los anocheceres; poseen frescura, la palidez de la juventud. No te importaría que volviese la noche, pero no lo hace. Tendrás que aguantar ese caos que conoces tan bien, y, de repente, a veces, recobrarás los preamaneceres que precedían a tus sueños de las primeras horas de la mañana.

Hablando de sueños: crucé el puente Golden Gate de camino al monte Shasta. Se instaló la niebla y esperé hasta que la siguieron bandadas de pelícanos y volví a esperar, confundiendo horas y segundos; entonces el Shasta apareció más cerca, totalmente cubierto de nieve, y yo me di la vuelta para encontrarme navegando por un océano lleno de cocodrilos. El mundo está colmado.

La narración es una forma pasada de moda. Es prehistórica. Es un ejercicio fútil que está a punto de morir, a pesar de que podría seguir durante años. Esta pantalla de humo para la angustia no nos lleva a ninguna parte, aparte de a editores desencaminados. Así que nos damos media vuelta y avanzamos hacia ese núcleo de realidad llamado silencio mediante el habla y la escritura, cosa que ilustra el grado de incoherencia que ha alcanzado nuestra humanidad. Hay algo hipnótico en alinear palabras, algo adictivo. Posiblemente de eso trate la escritura.

El universo hace un sonido —es un sonido—. En el núcleo de este sonido hay un silencio, un silencio que crea ese sonido, que no es su contrario, sino su alma inseparable. Y ese silencio también se oye.

Ese silencio es la preparación de las cosas por venir, pero no es autónomo. Es más bien la sombra de lo que es, que precede o sigue a voluntad cualquier elemento que se presenta a este mundo. Su momento favorito es la noche. En mi opinión, las noches de California, con sus franjas de luz procedentes de los camiones que surcan la tierra de un lado a otro.

Mi momento favorito se halla al otro lado del tiempo, es su otra identidad, de esas que se derrumban y a veces vuelven a aparecer, y a veces no. De esas que parecen malvaviscos, granadas y cosas más extrañas antes de volver a su tipo de abstracción. A mí solía gustarme el tiempo, pues era una materia que nos ayudaba a sentirnos inteligentes. Esa época ha ido a parar allí donde van las épocas, a sus propios cementerios. Hoy veo la eternidad en todos sitios. Ayer tenía una copa vacía de champán sobre la mesa, y daba una impresión de infinitud y eternidad, a pesar de que me dejaba indiferente. Al menos, estaba en buena compañía, y un día más cerca de todo tipo de aniquilaciones.

Los franceses han añadido dos afirmaciones vitales a la cultura mundial: *Je pense, donc je suis* y *Je est un autre*. Podemos estar en desacuerdo y afirmar «No pienso, pero soy», algo que también puede tener sentido. Y también se puede pensar que «el yo se niega a ser compartido por otro yo». ¿Quién se atrevería a decir que no debería ser así?

En todos los sitios en los que vivo hay estanterías llenas de libros que nunca leo y que, desde un punto de vista matemático, no tendré tiempo para leer. Los contemplo. Es tanta su indiferencia, su silencio. Paso horas junto a ellos. Cuando estoy en Bretaña oyendo el océano, hay una fotografía de Tolstói en uno de los estantes, Tolstói viejo y delgado, enfundado en un guardapolvos que usaba para salir de casa, con un aspecto idéntico a mi padre, quien en sus últimos días se había convertido ya en su fantasma, y me aterrorizaba, sobre todo por la noche, en medio de la quietud del barrio.

Hoy ha aterrizado en París Nick Hoff. Aún no lo he visto, hace años que no lo veo, recuerdo unas noches en el Specs Twelve Adler Museum Café, en Columbus Avenue, San Francisco. Leí *Some Ones,* su último libro, que es lo que la brisa te traerá cuando apenas ha rozado algunos elementos a tu alrededor... El barrio de North Beach ha oído a Miles Davis y a Jack Spicer con sus distintos instrumentos: la voz humana, la trompeta. Aún sigue escuchando a poetas, sí. Tienes que conocerlos. Mis días son a la vez demasiado largos y demasiado cortos para saber lo que quiero hacer. Así que los miro pasar... Heráclito está ahí, de pie.

No tengo prisa por vivir, no tengo prisa por morir; solo estoy hablando contigo. Podrías estar volviendo de Delfos, donde me habría gustado estar, allí, bajo un cielo tormentoso, con las nubes temblando, con las columnas ocultas en la niebla, con el pasado intacto, con los regalos fenicios sin desenvolver, con todo esperando. Estoy en Delfos; ¿cómo saber que no?

Siempre proyectado, accionado por la fiebre, como de costumbre, este motor al que llamamos vida, o existencia, que llevamos dentro de nosotros y sin embargo no dejamos nunca de buscar, siempre perplejos, apresurados, apresurados, sin movernos, como el planeta Tierra dando vueltas a ciegas, hasta que ambos desaparezcamos de la pantalla. No tengo estrategia, para nada, de hecho. Ni siquiera me cuezo un huevo, prefiero bajar al restaurante que acaba de abrir justo al lado. Te sientas, comes, vuelves a casa; y ya hemos echado el día. ¿Quién se enfrentará a la desesperación? Algunos humanos desesperados, seguro.

Uno de ellos fue Rainer Maria Rilke, que escribió su diario haciéndose pasar por un tal Malte Laurids Brigge. Es el sur de Europa central para ti. Joyce sentado en el teatro, en Trieste. Poetas perdiendo el norte.

Puedo hacer algo que me llena de felicidad: levantarme en plena noche y contemplar el cielo, las noches cubiertas de estrellas. Eso ya no ocurre en las ciudades, pero últimamente en Bretaña sí que pasaba, con bastante frecuencia además, y la vista era cautivadora. Una pensaba que había vuelto a las noches de los dioses, de los chinos, de los babilonios, de los griegos, a las noches de la prehistoria que ignoramos y que debían de ser admirables, y que debían de jugar a una especie de fútbol con las criaturas celestiales. En noches así, las ventanas son un estorbo.

Por debajo de todo eso, hay una tremenda debilidad que nos corroe el alma: es cierto que vi «en una noche, todas las noches», y que hace poco en Berlín mi afirmación estaba escrita en la pared de una iglesia bombardeada en 1945 que se mantenía parcialmente en pie y daba refugio tanto al calor como a la nieve. Pero estoy temblando. Desapareceré antes de haber encontrado una respuesta convincente a esta pregunta: ¿qué es el Absoluto? Al final acabamos decidiendo que lo Absoluto lleva un nombre equivocado. Nos topamos con los hechos, como el hecho de tener hambre, el hecho de que la bomba atómica no deja de mejorar... para decirlo de forma simple, nos estamos asfixiando.

Por eso encontramos algunos momentos de ligereza en ciertos acontecimientos: hablo de la cena de ayer por la noche en casa, con Nick Hoff, y Sciascia, una cena simple en un ambiente simple de amistad, momentos robados, misteriosos, dado el peso del aire que respiramos.

¡Y entonces, de repente, vuelve el sentimiento de que no ocurre nada! El mundo está repleto de acontecimientos, y, me atrevo a decir, está vacío. Ese es el aprieto en que nos encontramos. No creo que esté vacío solo en escasos momentos.

Contemplar las mareas me acerca al absoluto, un absoluto que está en movimiento y es líquido. La sensación de que todos los momentos repiten el que dominó sobre la creación del mundo me abruma de beatitud. Pero la verdad es que tampoco creo en la creación, sino más bien en la eternidad del universo, que implica por tanto su inmovilidad, y ese pensamiento me llena de un terror sagrado. Así van las cosas.

También pensamos de maneras de las que no somos conscientes. Suena a paradoja, o a absurdo, pero lo digo en serio. Yo he experimentado el doble pensamiento: un pensamiento se deslizaba sobre otro, me sobresaltaba, no sabía cuál de los dos seguir, y al final los perdía de vista a ambos. También sentía cierto miedo: ¿son los pensamientos pelotas saltarinas? ¿Los poseemos de veras?

Los árboles amarillean, dándole al aire un tono metálico y sacudiendo el letargo de la imaginación. El mundo exterior me trae muchas más cosas que lo que llamamos el interior. Sí, están todos los horrores que conocemos, pero también Cache Creek, en el condado de Yolo, el Hudson alto, el Nilo bajo su dorado faraónico, el monte Shasta bajo la lluvia, y la montaña, la que es mía. Y todos ellos me arrastran a sus propias identidades, silencian el mundo.

Quiero hacer *rafting,* no solo en ríos sino en cualquier experiencia, en particular en las mentales, sentir el júbilo de los conceptos frenéticos, sobre todo de su libertad. Es cansado analizarlo, trocear el pensamiento, escrutar lo que ocurre, tanto trabajo para un resultado tan mediocre. Saltemos y zambullámonos, dejémonos arrastrar por el viento, mojémonos y hasta hagámonos daño, démosle al río Yellowstone la oportunidad de zarandearnos como hace con los troncos de árbol y con los salmones, sigámosle la corriente con nuestros cerebros dormidos.

Y ¿qué dicen los pintores de todo esto? Por lo general, nada. Apenas dicen ni escriben nada tan revelador como sus obras, que desde un plano estructural no se pueden traducir. Echo de menos escuchar música jazz, o a Schubert, aunque, si tuviese la oportunidad, preferiría ver correr a un tigre de verdad que leer a mis poetas preferidos. Pero los poetas son los poetas. Nada los desplazará. Aun en sus momentos más patéticos, son de lo más necesario.

Alguien va a ir a Moscú, un amigo. Allí hace más frío, sus inviernos siempre tienen prisa. Tenemos que releer a Malévitch, el único teólogo que ha producido el comunismo.

No intentéis buscarle el sentido a lo que dice, mirad sus obras, se os grabarán en las células del cuerpo.

Pintaré un cuadrado rojo para que haga eco al negro que lo acompañó durante sus funerales. Volver la vista hacia Malévitch es habitar el futuro. Su feroz espiritualidad funciona como un cohete: los ángeles deben sacudirse las alas, desempolvarse los halos, podemos hacer lo mismo, deshacernos de nuestras creencias tradicionales, descubrir nuevos territorios que quedan entre la abstracción y los viajes de los sentidos. ¿Por qué no nos atrevemos a ir tras la línea del horizonte?

Sonó el teléfono: me llamaba mi amiga Claire Paget para decirme que estaba viendo a través de su ventanal corredero una franja de nube blanca que regresaba con regularidad, con la misma forma y a la misma hora. «Esa nubecita viene cada tarde», dijo, «qué gracia, he acabado cogiéndole cariño, hablándole, ¿sabes? Está ahí arriba, ahora estoy esperándola, ya viene». Es el tipo de cosa que soñaría para mí.

Pero las nubes tienden a eludirnos, a dejarnos tirados como un cero a la izquierda, a despedirse de nosotros. Hoy ha sido el día en que me he dado cuenta de la importancia de su ausencia, cuando ha tenido lugar una experiencia desgarradora:

mi amigo Mathieu Cénac me trajo por casualidad un libro que acababa de publicar, *1 the Road*, del escritor Ross Goodwin. En la portada está la descripción del libro: «La primera ocurrencia procedente de una red neuronal artificial es una genialidad».

Abrí el libro y empecé a leer las estrofas escritas con inteligencia artificial; me eché a temblar, y la inestabilidad me duró un buen rato. Se me revolvía el estómago y una avalancha de preguntas erráticas me abrumó la mente: los poemas escritos son hermosos; eso es lo que resulta exasperante. Transcribiré unos cuantos:[1]

> «Eran las nueve y diecisiete de la mañana, y en la casa reinaba la pesadez.
> »Faltaban siete minutos para las diez de la mañana, y eso era lo único bueno que había ocurrido.
> »¿Qué ocurre?, preguntó el pintor».

[1] "It was nine seventeen in the morning, and the house was heavy. / It was seven minutes to ten o'clock in the morning, and it was the only good thing that had happened. / What is it? The painter asked."
Versión española de la traductora de este libro.

Y preguntamos: ¿qué es poesía? Aquí se ha creado una urgencia, un desafío a las respuestas que teníamos, una conmoción de la metafísica... Pensé: de ahora en adelante, valdrá todo; no es el poeta quien es el poeta, sino solo el lector.

Y ¿qué ocurre con la inteligencia? Dado que la diferencia entre las cosas se atenúa, y en todos los campos, como por ejemplo la brecha entre géneros, que se está estrechando, la inteligencia, tal como la conocíamos, y la inteligencia artificial tendrán que acercarse más y más... en este experimento en poesía posiblemente se hayan fundido, induciéndonos a pensar que nada es en último extremo artificial; que la Realidad siempre tiene que ser real.

En el ruido que en algunos espacios se convierte en clamor, ¿cómo podría encontrar una salida? El proceso empieza en el nacimiento, para ti, para mí. Kilómetros de paseos por ciudades distintas, como si de ningún sitio a ningún otro se pudiese encontrar algo de paz. ¿Se encontró? Quizá se halle frente a mí. Un trozo de pan, una porción de queso en medio de la calma, ¿es eso lo que nos lleva a la divinidad? ¿¡Por qué no!?

Pan y queso... *psomí ke feta*... el café Adonis en Skopelos, con sus sillas pintadas de azul, y sus mesas; justo delante, el mar azul bajo el cielo azul, y la blancura del queso y la somnolencia en la cabeza, ese es mi paraíso... el incienso que huele a iglesias griegas... mi versión de la gran promesa.

Usar la nobleza del lenguaje para toda la basura que oímos es un castigo terrible. Estoy buscando un estado especial de silencio, no ese en el que oyes cómo te circula la sangre por las venas, ni el que se produce cuando se acaba la música, ni el que... un silencio entre eones de silencio.

¿Seguirías a un banquero en bancarrota? Para empezar, tengo que encontrar alguno. No trabajo para el Gobierno, así que la pregunta me deja indiferente. Pero las cosas van más allá: no soy lo bastante infeliz para seguir a nada ni a nadie, ya que los deseos no me asaltan con frecuencia.

Mis sueños son cortos: imitan la nueva ola de vídeos. Perdemos concentración hasta en sueños. Para demostrarme que no estoy muerta del todo, releo el «Plan B» de Barrett Watten. Puede llamar con toda inocencia manifiesto a ese fragmento de pensamiento. Un manifiesto tan estimulante como lo fue el *Manifeste du Surréalisme* cuando apareció en 1924. Esos textos son territorios: puedes caminar por ellos, puedes conducir, o pasar volando por encima. «Plan B», entre otras cosas, ya desafía a la inteligencia artificial. La vence, porque dudo que la inteligencia artificial se preocupe del destino humano.

Hay que ocuparse de la desesperación. Tuvimos esperanzas, y esperamos, y acabamos con la bomba atómica y la muerte de Dios. Estamos aquí, varados en un aeropuerto, haciendo cola rumbo a un destino extraterrestre, solo para trasladar nuestros miedos.

Ahora es París, bajo la niebla. La torre Eiffel se ha convertido en un borrón, una marca tenue en el espacio puro. La gente tiene las manos en los bolsillos, el río Sena está helado. Hay que caminar rápido para mantenerse en calor. Todas las discusiones internacionales suenan ridículas comparadas a las preguntas simples y básicas que nos hacemos: ¿les importamos aún a los ángeles? ¿Sobrevivirá la especie humana? Y, ya puestos, ¿es de veras importante esa pregunta? ¿Ha muerto de veras Dios? Y, si es así, ¿qué beneficios ha reportado esa muerte? ¿Ha quedado obsoleto el amor, estaría en peligro debido a la inteligencia artificial?

La niebla me acerca a lo que llamo mi alma. Hay una afinidad entre las neblinas oscuras y mi mente, un movimiento de una a otra, en ambos sentidos, probablemente incluso un intercambio de sustancias... un misterio al que me acerco, que oigo, aunque está hecho principalmente de silencio.

La niebla es la resolución de la divinidad; el dominio de los dioses griegos, su residencia, puesto que no han muerto. Oigo la niebla como si fuese el crujido de las hojas de un bosque. La veo hincharse. La veo deslizarse por la tierra cual guerrero divino, como poseída. A veces me pregunto si no acabaré mi vida en una especie de fusión con una de sus curvas.

La imaginación llega de los rincones más alejados del mundo y elige nuestro cerebro como quien elige una bahía, instala sus cuarteles generales y pronto empieza sus barrabasadas. Pero ¿qué habríamos hecho sin ella? El infierno habría estado más ordenado.

La belleza de California es tan intensa que nos sube la temperatura. Paso muchas noches en el valle de Yosemite, con alas tras los brazos, lista para despegar. Entonces California estaba hecha de rayos luminosos, de sonidos, de anhelos. No era necesario pensar en límites, en la atmósfera... el espacio exterior solía empezar en la cabina, o en la puerta de al lado.

Como Ícaro, me caí. Caí en el suelo del valle. Cerca de una catarata. Después pasé rodando por unas cuantas autopistas, recorrí kilómetros y llegué al nivel del mar, al Pacífico. Aquello tenía su propia magia. Por razones que no vienen a cuento, acabé en París... menuda forma de acabar. Hay rincones cómodos en el infierno; muy poca gente lo sabe, pero yo sí.

Hay lugares que parecen estar donde deberían estar, pero se encuentran en un mundo paralelo, y yo resido en uno de ellos.

Mientras eres joven, mueres muchas veces. Es una aventura a la que te arrojas de cabeza, es el gran descubrimiento de la pérdida. Después pasan los años, o se acumulan, te arrastran a su paso, y te muestran que la próxima vez la muerte será para siempre, que el espacio que acabo de mencionar tiene una sola puerta que da al Vacío, y te das cuenta de que la realidad solía entrar solo a trozos, a cada uno/una su parte, a cada uno/una su tramo de cuerda particular.

Pero sigue habiendo grandes evasiones, míticas. Es cierto, hay experimentos míticos, como el que ha ocurrido justo hoy, el aterrizaje (¿el martizaje?) de la última nave espacial enviada desde la Tierra y de su explorador, decidido a investigar las entrañas del planeta Marte.

Estamos en la prehistoria, en la edad heroica del espacio, somos los cavernícolas de las cápsulas que se embarcan rumbo al universo.

He seguido los experimentos espaciales desde el histórico intento de Gagarin por romper la barrera de la gravedad. Fue el acontecimiento más estimulante de todos los tiempos. Estábamos en el profético año de 1958. Habíamos escapado del poder de la Tierra. Desde entonces, hemos estado flotando en el universo, atraídos por su infinitud. Tendremos que expulsar todo lo que ha ocupado nuestra mente hasta el momento para poder contemplar estos nuevos territorios (y soledades) a los que nos enfrentaremos.

Las soledades serán experiencias nuevas, su novedad podría suponer un desafío para nuestra curiosidad, podría arrebatarnos la fatiga que seguro arrastraremos como una sombra. Ahora mismo estoy ante un paisaje marciano; a través de un vínculo mental interplanetario, me convierto en un ser extraterrestre y, oh, milagro, ¡soy completamente feliz!

De vuelta en la Tierra, esta noche, esta misma noche, estoy absolutamente absorta en la memoria y la imagen persistente de Lydia Yourtchenko, un rostro, y un nombre, que me han acompañado durante años y años, desde que tenía unos dieciocho. Esta noche voy a eliminar el tiempo y la tendré en esta casa. No me distraerán ni los planetas ni las galaxias. Nada.

Siempre estaremos en algún sitio y, en algún momento, nos veremos fundidos con las fuerzas cósmicas, tributarias del linaje, relacionadas con los círculos sociales, fichadas, archivadas e identificadas, lo cual significa sin libertad, pero, por otro lado, ¿acaso la muerte, cuando venga, implicará libertad? Se tratará de una experiencia radical que no es experiencia, pues no será compartida, ni evaluada, ni discutida, no, será un paso radical, un cruce, un derramamiento, la muerte como el final del lenguaje, el final de hallarse en el corazón del Ser.

Hice regresar a mi amiga, pero, en realidad, ¿qué he hecho, puesto que sigue siendo invisible? Las medias tintas no suelen satisfacerme, así que mi necesidad de verla ha permanecido intacta. Sí, hace décadas que ya no está, como si la hubiesen raptado. Pienso: qué felices deben de ser quienes creen en la resurrección. Yo también creo, a veces, pero en la resurrección moral. Y en algo más que no tiene nada que ver con el regreso de los muertos. Es quizá una forma de miopía, pero me siento impotente en ese aspecto. A veces veo una apertura y me precipito hacia ella. Comprendo la necesidad de absoluto, pero lo absoluto nunca ha sido una entidad, un objeto, ni siquiera espiritual, ni Dios. Yo he alcanzado el absoluto en escasos momentos, pero como forma de pensamiento radical, como el pensamiento llevado al extremo, a su silencio, a algo parecido a la revelación de sí mismo.

Una ausencia es una forma de silencio. Es el espacio del que ha desaparecido el lenguaje. La desaparición de las respuestas. Pero no es necesariamente un vacío. ¿Dónde está Lydia? Orfeo se preguntaba: ¿dónde está Eurídice, dónde? Pero en este momento Lydia tiene una forma de existencia que no es una existencia corriente, ya que es siempre invisible. Entonces, ¿es mi búsqueda una forma de intentar procurarle su resurrección?

El silencio que me rodea vuelve su ausencia más evidente, pero al mismo tiempo le otorga una forma extraña de presencia: me atrapan los espejos metafísicos. Estoy confusa, o, más bien, estoy dándome cuenta de que ser, o no ser, no es algo que pueda afrontarse con pensamiento, sino que son cuestiones de experiencia que a menudo vivimos en aguas cenagosas y cuya intensidad crea olas que nos invaden, que nos dejan estupefactos. No hay resolución para la ausencia final de alguien.

En mi deseo de evitar las vacaciones, tomé el tren para Erquy. Un año más acaba, se arranca una hoja del libro que se supone que es la vida de uno. Vuelvo a mi lugar, frente al océano. El horizonte está despejado. Hay obras en la carretera, mucho ruido, un montón de polvo. Pero el océano está realizando su actividad favorita: subir, bajar, subir otra vez... las mareas.

Esta ciudad minúscula está en silencio. Las tiendas, con un par de excepciones, están cerradas. Nada de basura para celebrar lo que solía ser el nacimiento de un niño Dios. No. Solo unos cuantos sitios para comer. Esta ciudad no está vinculada a mi pasado, a ninguna porción de él, y por tanto me proporciona descanso. Debería decir que es acogedora. Parece un sitio efímero, como todas las pequeñas ciudades costeras. Las gaviotas se han marchado, cosa que le da un aspecto aún más sereno al cielo, de la serenidad típica que sobrevive a las tormentas.

No oigo muchas cosas, porque soy dura de oído, y acojo con alegría esa forma de descanso. Necesito derramar noches sobre mis días, quiero vagar por los bosques, entrar en castillos abandonados, quiero ver ríos ocultos en valles inesperados. Quiero que el sol sea suave.

Estamos a las puertas de la inmensidad del Tiempo. Y algunos de nosotros quieren matar, como si mereciese siquiera la pena matarnos. Y ¿por qué metemos en la cárcel a algunos asesinos, pero siempre a los más débiles? Deberíamos conversar con ellos, alcanzar algunas de las profundidades de la naturaleza humana. Debemos escuchar algunas de esas narraciones, los gritos de desesperación, la oscuridad de sus experiencias. Eso es lo que ha hecho Dostoievski. Como ya era epiléptico, y estaba aterrorizado, fue al encuentro del terror, porque el abismo tiene dimensiones, porque los misterios habitan pozos sin fondo. Mientras tanto, lo que llamamos nuestra vida siempre transcurre en medio de la expectación.

Es un día tormentoso, un día más que sigue a una infinidad de días. Y este día también se marcha, de acuerdo con su destino. Si todo está vivo, este día también lo está, es una vida independiente de la mía, y aun así interdependiente. Y el océano es en sí la inmensidad de la vida. Su sal flota en el aire y me quema la piel. Sal en los ojos. El cielo está negro antes de la noche. Con este silencio, ocurren cosas extrañas en invierno. Unos cuantos marineros se refugian en alta mar. Ráfagas de viento sacuden las aguas y doblan los troncos de árbol. Todo da vueltas.

Regresa el viento. Trae voces. De detrás de las nubes surgen ejércitos que invaden las playas. Esta no es forma de celebrar el fin de la estación, del año. No quedan muchos días antes de la fiesta de la Natividad, y tenemos esos ejércitos corriendo por la orilla, escalando las paredes. No hay nadie alrededor, la gente ha ido tierra adentro. Estoy sola en el apartamento, observando. No me moveré.

Los ejércitos se expanden. Han salido a cubrir toda la costa, se están divirtiendo. Debe de ser inútil asustarse, pero la gente se ha marchado. Entonces, quiero decir ahora, ha empezado a llover. Se está formando una tormenta. Una tempestad. Los soldados se mojarán, algunos se resfriarán. Una emisora de radio aún funciona, dice que hordas de soldados han muerto, en realidad, derretidos.

Pero, aun así, ha pasado un día. Ha pasado a pie, a caballo, o de alguna forma que no estamos equipados para saber, y ¿qué me queda a mí? Sé que queda en mí, bajo las nubes, el viento, el frío, el tiempo invernal: la necesidad de estar en Grecia. ¿Moriré sin regresar a Delfos, a Atenas? (¡¡A Beirut, a las Headlands, al Pacífico!?). Recuerdo a María Faranduri en el vestíbulo del hotel al pie de la Acrópolis, la recuerdo cantando Ceodorakis. Y el Mediterráneo tiene colores que el Atlántico, al menos por aquí, ni siquiera ha imaginado. ¿Está la gente mayor en la cola de la muerte? No se lo digan.

Delfos sigue esperando las ofrendas de los pueblos. Al parecer, no viene nada. La sibila se desanimó, se cansó de predecir nuestros desastres, nuestros presidentes y dictadores inaccesibles a la culpa. Se cansó de contemplar la alegría, el júbilo que sienten los «dirigentes» de nuestro mundo al desencadenar sus guerras totales. Está en silencio. No hay pasado ni futuro, así que se quedó profundamente dormida. Si te interesa, si te atreves, puedes ir a escuchar su sueño.

Vuelta a los días. Este ha sido excepcional: no he visto a un solo ser humano, ni a un solo ser vivo. La brisa no se ha movido. El teléfono no ha sonado. No he salido, no he ido al muelle, no he visto a nadie. He dormido hasta tarde esta mañana, y me iré pronto a la cama. Un día perfecto para el pez plátano.

Francia hierve. No quiere una revolución, quiere más dinero. Un regusto amargo en la boca, el agua deja de salir del grifo, el fin de las utopías. Siempre vamos una generación por detrás de la realidad. ¿Quieres abandonar el mundo con tan mal sabor de boca? ¿Acaso el abandono no está siempre teñido de melancolía? ¿O es que la propia melancolía ha pasado de moda? ¿Quién puede decirlo?

Las preguntas más persistentes siempre nos asaltan bien entrada la noche. Me siento desprovista de las cosas que solían hacerme avanzar y avanzar hasta el día de hoy. No, no me impresionan los logros, más bien me veo abatida por todo tipo de preocupaciones... Veo la Tierra tan desolada como Marte, igual de inhóspita. Acabo de ver una foto de un lago helado en este último cuyo diámetro se supone que es de cincuenta kilómetros. Es una tierra rosácea cubierta de hielo. Puede llamar la atención, pero a mí me recuerda que vemos otros planetas con el rasero que tenemos para este. Si lo que vamos a hacer es acarrear la Tierra donde quiera que vayamos —como parece ser el caso—, ¿por qué deberíamos molestarnos en viajar a lugares tan lejanos? Es como divorciarse para volver a casarse con la misma persona. No debería abrir la boca, porque a mí siempre me ha parecido que el matrimonio es una situación de lo más claustrofóbica. Nunca tenemos bastante espacio para respirar. ¡Respirar, qué lujo!

A mí Francia nunca me ha interesado *per se,* pero resulta que no puedo salir volando, y eso no es todo: hay una vida entera de historia personal entretejida con la propia historia del país.

Desapareceré sin haber resuelto las turbulentas emociones que me asaltan cuando pienso en ella: tengo todo su pasado colonial y los restos de ese pasado atravesados en la garganta. Es una piedra oscura en un largo túnel, una residencia en un laberinto que no tiene salida.

Paso la víspera de Navidad en el restaurante de al lado, donde había cierto ambiente festivo, contenido, agradable. Hoy ha sido uno de esos no-días, una especie de paréntesis, pero he tenido el placer de ver una de las nuevas esculturas de Simone: un «Caballo de Troya», el que escribió la historia de Grecia con una antorcha.

Tenemos formas de distraernos de nuestros destinos. No sé cómo, simplemente lo hacemos por instinto. Nos las apañamos para concentrar nuestra atención en otras cosas, en el espacio exterior, en un libro de historia, en nuestra propia imaginación, o en una simple postal, pero lo hacemos, sí.

Hoy, por ejemplo, me he entregado sin vergüenza a la comida; he tomado *panettone* y pudín de arroz preparado al estilo oriental; he oído las noticias, que anunciaban una clausura del Gobierno federal, y me he preguntado si las naciones enteras iban a la deriva como una voluntad individual, casi con júbilo, como esquiando por una ladera que nadie había previsto. Al final, todo se acaba superando.

¡China ha aterrizado en la cara oculta de la Luna! Hemos visto las primeras fotografías que ha sacado una sonda espacial en la cara oculta de la compañera de la Tierra, un avance para el nuevo año, una rendija en la pared, una apertura. Sentí que el suelo se hundía bajo mis pies, sentí que había alcanzado un hito de proporciones cósmicas. Bebí cerveza de una forma distinta a la normal.

Después leí sobre cómo Sargón de Acadia construyó el primer imperio en la tierra de los dos ríos. Me hizo pensar en la realidad a la que nos enfrentaremos muy pronto: una horrible uniformidad está invadiendo nuestro mundo, que se está convirtiendo en una megalópolis, una extensión de Las Vegas y Dubai. Para escapar de esa asfixia iremos al espacio exterior, y retrocederemos en el Tiempo, al pasado, a través de la arqueología, hasta Babilonia o las ciudades enterradas bajo el río Amazonas... la uniformidad que se está apropiando de nuestro presente nos propulsa a unos extremos que acabaremos llamando la Nueva Edad. Se me quedan las manos frías, un músico toca Bach en un laúd en la televisión, y encaja: la música de Bach es la aguja de la balanza cósmica.

Esto me ha llevado al núcleo de un silencio que da énfasis al universo: por debajo de la mezcolanza de sonidos que nunca acaba yace un extraño fenómeno, una contrarrealidad, el rumor de la materia silenciosa.

El silencio es una flor; se abre, se dilata, extiende su textura, puede crecer, mutar, volver sobre sus pasos. Puede observar cómo crecen otras flores y se convierten en lo que son. Estamos a finales de año, tengo que invitar a alguien o a algo. La vívida espesura del silencio hace que los sonidos se liberen y se expandan. El año toca a su fin, ya ha tocado, 2018 se ha ido para siempre, se ha fundido con el año nuevo, la gente baila, 2019 acaba de entrar, con unos ojos como platos, flamante.

El silencio es la creación del espacio, un espacio que la memoria necesita usar... una incubadora. Aquí nos enfrentamos a las dimensiones, al estiramiento de músculos interiores, que apartan toda interferencia. Nos enfrentamos a números, pero no contamos. El silencio exige la naturaleza de la noche, incluso en pleno día, exige la sombra.

Pero nunca, a lo largo de mis vagabundeos, he olvidado la luz: los cielos del Oriente que conozco, uno en particular, el que cubre el Líbano, Siria, Egipto... los del Mediterráneo oriental, que no es ni la Provenza, ni España, gotean luz sobre pueblos silenciosos, durante horas y entre las horas, convirtiendo el aire en luminiscencia, creando el misterio de los matices, mientras el propio sol se deshace en las aguas.

Considero la luz que entra en la habitación a primera hora del día como una mensajera del sol, una viajera directa, una partícula, una ola, quién sabe, pero un objeto en cierta forma que ha abandonado su fuente solar para recorrer kilómetros y aterrizar sobre mi piel. Así pues, el universo nos visita constantemente mientras espera que recorramos ese itinerario a la inversa.

Luego recibo en un correo electrónico la foto de una cabaña cerca del parque Joshua Tree y de un perro. Una afinidad entre ambas. La escena habla de la luz de allí, que baña el desierto, y de la forma que el destino está adoptando hoy.

Hablando de destino, ¿cómo explicar por qué la luna ha estado tan presente en mi vida, por qué ha atravesado el cielo con tanta frecuencia, con tanta insistencia, a veces incluso a plena luz del día, cómo es que se ha convertido en una figura principal? Y ahora, por fin, la sonda china Chang'e 4 aterriza en su cara oculta, y vemos cráteres relativamente cercanos unos a otros, que, asombrados de hallarse frente a un instrumento que viene de la Tierra, parecen mostrarse más silenciosos que nunca. Esa superficie curva está inundada de ser, del hecho de estar allí, de la necesidad de regresar a su autonomía. Yo también he pasado por allí, pero no molesté. Mis ojos no son instrumentos. Se movieron por esa zona con el poder de la imaginación, un poder prestado, pero más fiable que ningún otro.

Así que, desde la infancia, he realizado viajes largos aunque instantáneos al más visible de los planetas. A veces me congelaba y otras me abrasaba, pero fui y adquirí una sensación de aislamiento mágica.

Había años en los que quería leer a la luz de la luna, conducir iluminada por ella... Se me cansaban los ojos y la policía me detenía en las carreteras, pero yo lo intentaba una y otra vez. También me preguntaba: ¿acaso las radiaciones lunares son más peligrosas que las solares? ¿Por qué hablamos de lunáticos? ¿Cuál era la relación de Shakespeare con la luna?

Os he invitado a ti y a tu vecino a mi banquete, también he invitado a animales, a piedras y montañas, a ríos que traerán su torrente. Te contaré que la historia está hecha de guerras, de ideas, de tristeza, de la gloria que precede a la tristeza. La historia está hecha de todo lo que ha ocurrido alguna vez, de la trayectoria completa de los humanos, de tierra y de galaxias. Tú eres Historia, la ardilla es Historia, el Universo es Historia. Eso también incluye a Dios.

Desde entonces, han ocurrido algunas cosas muy extrañas. Me han visitado durante unos cuantos días filas y filas de criaturas fantasmales. Han venido en varias dimensiones, varios tamaños y colores. Unos niños corrían, y una mañana llevaban mochilas e iban abrigados, era como si llegasen tarde al cole. La mayoría de ellos estaban estilizados, dibujados como en plano más que en tres dimensiones. Algunos tenían una altura inquietante, rozaban el techo con la cabeza y se acercaban peligrosamente a mi cuello.

También me puse enferma. Al parecer, un nuevo virus ha matado a unas 6000 personas en toda Francia. No acabó conmigo, pero casi. Experimenté nuevos dolores que no fueron bien recibidos. La cosa duró cuatro mesecitos. Aún me siento temblorosa, inestable.

Soy un planeta desolado. Espacios vacíos, sin vegetación, pero con el espejismo de oler a tomillo. Cuando llego a un borde veo otros planetas, no hospitalarios. Entonces regreso a mi módulo, a mi aislamiento: pienso en el océano, en la superficie color acero del Pacífico, y en mi montaña, e intento no llorar.

Amores silenciosos y no declarados se convierten en ángeles sin alas, sujetos a la gravedad, como nosotros. Los hizo Simone para su última exposición en Marrakech, en forma de escarabajo, probablemente un regreso instintivo al escarabajo sagrado que simboliza el antiguo dios egipcio del sol. Hace poco tuve que inventar un nuevo orden angelical de ángeles astronautas que anunciaban a bombo y platillo su existencia.

Necesitaba que acompañasen a los miembros de la raza humana que van a instalarse en el espacio exterior. Aparecerán en un réquiem que se representará en la siguiente Bienal de Venecia.

Al escribir ese réquiem tenía que oír al representante de esos humanos que afirman estar cansados de la situación mundial y que buscan una nueva Revelación. Pero el coro no dejaba de decirles que la Revelación es indivisible. Es una. Es, muy probablemente, lo que Nietzsche quería decir cuando hablaba del «eterno retorno de lo mismo».

La noche funciona como la nieve. Borra el paisaje.

Nota biográfica

Etel Adnan nació en Beirut (Líbano) en 1925. Estudió Filosofía en la Sorbona, U. C. Berkeley y en Harvard, y enseñó en el
Dominican College de San Rafael, California, desde 1958 hasta
1972. En solidaridad con la Guerra de Independencia argelina
(1954-1962), Adnan comenzó a resistirse a las implicaciones
políticas de escribir en francés y se hizo pintora. Después, a
través de su participación en el movimiento contra la Guerra
de Vietnam (1959-1975), comenzó a escribir poesía y se convirtió, según sus propias palabras, en «una poeta estadounidense». En 1972 regresó a Beirut y trabajó como editora cultural
para dos diarios, primero para *Al Safa* y luego para *L'Orient
le Jour*. Su novela *Sitt Marie-Rose*, publicada en París en 1977,
ganó el galardón France-Pays Arabes y ha sido traducida a
más de diez lenguas. En 1977, Adnan volvió a establecerse en
California, concretamente en Sausalito, con frecuentes estan-
cias en París. Adnan es autora de más de una docena de libros
en inglés, entre ellos *Journey to Mount Tamalpais* (1986); *The
Arab Apocalypse* (1989); *In the Heart of the Heart of Another
Country* (2005); *Sea and Fog* (2012), ganador del Lambda

Literary Award de poesía lésbica y el California Book Award de poesía; *Night* (2016) y *Surge* (2018). *Time,* un volumen de poemas traducidos del francés al inglés por Sarah Riggs, recibió el International Griffin Poetry Prize en 2020. En 2014, se le concedió uno de los mayores honores culturales de Francia: la Orden de las Artes y las Letras. Las pinturas de Adnan han sido expuestas en todo el mundo, incluyendo Documenta 13, The Whitney Biennial, The New Museum, SFMOMA, y el Museum der Moderne Salzburg. Mathaf: el Museo Moderno Árabe y las Serpentine Galleries han organizado retrospectivas de su obra. Falleció en 2021 en París.

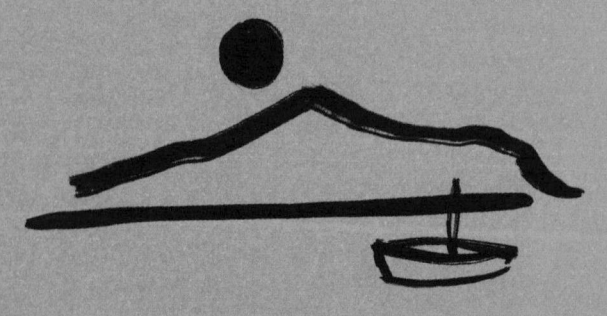